我能管好自己 19

嫉 妒

[英] 亚尼内·阿莫斯/著　[英] 格温·格林/绘　贾洪宝/译

知识产权出版社
全国百佳图书出版单位

凯莉的故事

"快点儿!"爸爸对着凯莉喊道,"你要迟到了!"
平时,凯莉和妹妹萨拉总是一起去上学,但是今天只有凯莉一个人去。
萨拉出水痘了,需要在家休息。

"萨拉在家一整天,干什么呢?"凯莉问。
"她得躺在床上休息。"爸爸说。
凯莉坐进车里。"妈妈陪着她吗?"她又问。
"是的,"爸爸说,"妈妈会照顾她的。"
"我想妈妈会给她讲故事,"凯莉说,"她们会一起吃吐司、喝热巧克力。"
爸爸笑了,可是凯莉觉得一点儿也不好笑。

放学后，凯莉一回到家就跑进了萨拉的卧室。

萨拉正在睡觉，看上去很安逸。床上放着两本故事书和一本图画书。

"我也想出水痘。"凯莉心想。

玛丽姨妈来探望萨拉,给她带来了问候贺卡和一些葡萄。凯莉很喜欢吃葡萄。

"我也觉着不舒服!"凯莉这样一说,把大家都逗乐了。

凯莉拿着葡萄上了楼。萨拉还在睡觉,她的脸很红,上面有很多小点儿。凯莉坐在萨拉的床边,看着玛丽姨妈送的葡萄,忍不住一颗一颗地吃起来。很快,葡萄就只剩下两颗了。

凯莉悄悄回到自己的房间。她有些生气，不仅是因为自己偷吃了葡萄，还因为生病的不是自己而是萨拉。

　　这时，爸爸进来了，挨着凯莉坐下来。

　　"你并不关心妹妹，是吗？"爸爸表情很严肃地说，"你上个星期弄坏了她的画，昨天弄坏了她的洋娃娃，今天又吃了她的葡萄。"

　　凯莉的脸红了。

　　"凯莉，你为什么要这么做？"爸爸问。

凯莉没有回答,但爸爸耐心地等待着。真安静呀,都可以听到钟表的嘀嗒声。

"萨拉总是得到更多,"过了很久,凯莉说,"你和妈妈总是在谈论她,你们一点儿也不关心我。"

听了凯莉的话,爸爸轻轻地搂住她。

"对不起,让你产生这种感觉。可是你错了,你妈妈和我都非常爱你。我们对萨拉关心多一些,是因为她才五岁。但是,我们同样爱你。你等我一下!"说完,爸爸走了出去。

　　爸爸回来时，手里拿着一个盒子，里面有许多照片。爸爸指着其中一张给凯莉看。

　　"这是你，当时出着水痘，才两岁。"

　　"我以为人们只在生日或假日里才照相。"凯莉看了看照片，不好意思地说。

　　"不总是这样。"爸爸说。

　　他们一起看着照片。

　　"我脸上有许多小点儿。"凯莉笑着说。

　　凯莉看着这些照片,有些是她妈妈的,有些是玛丽姨妈和奶奶的,但大部分都是她的,那时她还是个小女孩。

　　"所有照片都是你照的吗?"凯莉问。

　　"是的。"爸爸说,"我们明天买本影集把它们装起来吧。"

　　"太棒了!"凯莉说。

睡觉之前,凯莉紧紧地拥抱了爸爸。
"明天我们可以拍几张照片吗?"她问。
"当然可以,"爸爸说,"给谁拍?"
"当然是给萨拉——还有她的水痘!"凯莉说。

想一想

你曾经有过和凯莉一样的心情吗？这叫嫉妒，它是种很强烈的情绪，会让你感到忧伤、生气和孤独，一点儿也不快乐。

凯莉嫉妒萨拉，是因为她认为爸爸妈妈很爱萨拉，萨拉很愉快——尽管萨拉在生病。

嫉妒有很大的破坏性。如果你认为别人有的东西你没有，那么，你可能会想伤害他们。凯莉认为爸爸妈妈最爱萨拉，所以她对萨拉不友好，但这对她没有任何帮助，只会使她更生气。

　　读读书中的故事，想想这些人物，你是否有时也和他们有相同的感受呢？下次再有嫉妒情绪时，要问问自己：我嫉妒什么？我究竟失去了什么？向谁诉说能使我感觉好起来？

欧文的故事

圣诞节那天早上,欧文一睁开眼就从床上跳了下来。

"卢克,快醒醒,"他对表哥大叫着,"咱们快到楼下去吧。"

卢克比欧文大两岁,对圣诞节的到来同样充满期待。

他们俩穿上牛仔裤,跑下楼。

"你们俩轻点儿!"大人叫道。

不过欧文和卢克根本没听见,他们已经下了楼梯,直奔那棵大圣诞树——所有的礼物都放在那儿,正等着他们去打开。

  转眼,地板上就扔满了包装纸和玩具。
  卢克跳起来,跑到房间的另一端,那儿并排放着两个大包裹。"快来,欧文!"卢克叫道,"我们每人一个。"
  卢克和欧文努力拆开包裹。
  欧文的包裹里是一辆新自行车,车把手上系着一张字条:"欧文,祝你圣诞快乐!爸爸妈妈。"
  "正是我想要的!"欧文高兴地说。

  这时,卢克从另一个包裹里也拆出来一辆自行车。
  欧文立刻瞪大了眼睛。这是他见过的最好看的自行车!蓝白色的车轮,红色的车座,车梁上还印着"马路飞虎"的字样。
  "我喜欢卢克的那辆自行车,要是他能跟我换一换就好了!"欧文想。

过了一会儿,大家都起床了,凑过来看孩子们的礼物。
"你们是两个幸运的孩子。"欧文的爸爸说。
"早饭后我就要去骑车。"卢克说,"我等不及了,我要骑'马路飞虎'。"
"我不想去。"欧文不高兴地说。

　　欧文看着卢克骑"马路飞虎"出了门,又望了望自己的一堆礼物和红色自行车,这些都是他想要的礼物,他知道自己应该高兴,但心里却觉得不舒服。

　　"卢克的礼物更好!太不公平了。"他想。

　　一整天,欧文都在屋里猜字谜、看电视、和叔叔做游戏。当然,他时不时地会想那辆蓝白相间的"马路飞虎",想得越多,他就越想骑一骑。

睡觉前,欧文轻手轻脚地来到昏暗的过道里,摸了摸那辆闪闪发亮的"马路飞虎"。

"欧文!"有人叫他。

欧文吓了一跳,回头一看,是妈妈。

"我只是看看,"欧文慌忙说,"我什么都没做。"

"你也很想有一辆'马路飞虎',是吗?"妈妈问。

欧文不知道该怎样回答。

"别担心,"妈妈说,"每个人都有这种时候,大人也一样,很正常。"

"我感觉很不好。"欧文说。

"我知道。不过你可以先骑你的车子试试,明天和卢克一起骑。你的车虽然不是'马路飞虎',但它的性能也很好。"妈妈建议。

"这倒是真的。"欧文看着他的红色自行车,笑了。

"我要给它起个名字!"欧文说。

"什么名字?"妈妈问。

"就叫它'街道猎狐'!"欧文回答。

你曾经想得到属于别人的东西吗？你曾认为你的姐妹、兄弟或朋友的东西比你的好吗？很多人，包括一些成年人，也经常会有这种想法："这不公平！"

当你产生这种想法时，可以想一想让自己心情愉快的事情，也可以像欧文那样和信任的人谈谈。

凯特的故事

凯特和珍妮是最要好的朋友,她们在同一所学校上学,最喜欢的游戏都是"扮女巫"。

放学后,凯特和珍妮一块儿往家走。书包很重,天气也很热,但她们丝毫没有在意,因为她们一直商量着傍晚干什么。

"你可以来我家。"珍妮说。

"咱们去公园吧!"凯特说。

"去玩什么呢?"珍妮问。

"'扮女巫'!"她们不约而同地说。

傍晚,凯特来找珍妮。
"咱们走吧!"凯特高兴地对珍妮说。
"等一会儿。"珍妮说。
"为什么?"凯特问。
"金要来,我邀请了她。"珍妮说。
凯特很生气。"我们不需要她。"她说。
"我喜欢她!"珍妮说。
"我不!"凯特说,"这样我们就不能玩'扮女巫'了。"
"我们能玩,"珍妮说,"我们可以有三个女巫。"

金气喘吁吁地跑来了。"对不起,我迟到了!"她说。

珍妮笑了,她和金挽起了手。凯特没有笑,她把手插进兜里,转身走了。

在去公园的路上,凯特静静地走着,跟在珍妮和金的后面,一直注视着她们。

"珍妮更喜欢金。"她一边想着,一边用脚踢着石子。

  珍妮告诉金游戏的规则。
  "你扮女巫头儿，"她说，"你的头发最长。"
  凯特看看金的头发，确实又长又卷。"我讨厌金。"她想。
  第二天，凯特来到学校时，看到珍妮在操场上，金也在那儿，她们正在笑呢。凯特没有走过去，她甚至都没有同她们打招呼。

课间时，凯特感觉更糟了，很想哭。

罗斯老师问她是否哪里不舒服。

"金把我的朋友抢走了……"凯特伤心地把珍妮和金的事告诉了老师，"我只能一个人玩了。"

"你可以和她们一起玩。"罗斯老师说，"我们可以拥有共同的朋友，就像我们可以分享东西一样。"

凯特想了一会儿。

"需要我陪你一起去向她们问好吗？"罗斯老师问。

于是，凯特跟着老师向珍妮和金走去。

"我可以和你们一起玩吗？"凯特小声问道。
"当然了！"金和珍妮异口同声地说。
"你们玩什么呢？"老师问。
"'扮女巫'。"三个女孩齐声叫道。

想一想

  你可能会希望能独自拥有一个朋友,但人不是玩具,你很难独占一个人的友谊。

  当珍妮邀请金一起玩时,凯特生气了,同时她也有点儿害怕,怕珍妮不再喜欢她。事实上,如果你的朋友有了新朋友,并不意味着他们不喜欢你了,只是他们也喜欢别人。

嫉妒会让人感觉既伤心又孤独。如果你有这样的感觉，可以和信任的人聊聊。想想书中的故事，凯莉、欧文和凯特都曾嫉妒别人，这让他们非常不快乐。后来，他们向别人诉说，得到了帮助，心情也愉快起来。

图书在版编目(CIP)数据

嫉妒 /(英)阿莫斯著;贾洪宝译. — 北京:知识产权出版社,2016.1

(我能管好自己)书名原文:Jealous

ISBN 978-7-5130-3313-8

I. ①嫉… II. ①阿… ②贾… III. ①品德教育 — 儿童教育 — 家庭教育 IV. ① G78

中国版本图书馆 CIP 数据核字 (2015) 第 013382 号

First published in the United Kingdom by Cherrytree Books,1990
Copyright©Evans Brothers Ltd.
This edition published under licence from Pila Books Limited.
This edition is only available for sale in Mainland China.

责任编辑:李 潇　　　　　　　　责任校对:谷 洋
装帧设计:于 静　　　　　　　　责任出版:刘译文

我能管好自己 ⑲

嫉 妒

[英] 亚尼内•阿莫斯 著　　　[英] 格温•格林 绘
贾洪宝 译

出版发行	知识产权出版社有限责任公司	网　　址	http://www.ipph.cn
社　　址	北京市海淀区马甸南村1号	邮　　编	100088
责编电话	010-82000860 转 8133	责编邮箱	elixiao@sina.com
发行电话	010-82000860 转 8101/8102	发行传真	010-82000893/82005070/82000270
印　　刷	北京中科印刷有限公司	经　　销	各大网上书店、新华书店及相关专业书店
开　　本	787mm×1092mm　1/16	字　　数	40 千字
版　　次	2016 年 1 月第 1 版	印　　张	2
ISBN 978-7-5130-3313-8		印　　次	2016 年 1 月第 1 次印刷
京权图字:01-2015-0595		定　　价	9.00 元

出版权专有 侵权必究
如有印装质量问题,本社负责调换。